우리는
언제나
늑대였다

WOLFPACK

우리는 언제나 늑대였다

애비 웜백 지음 | 이민경 옮김

다산북

우렁찬 목소리로 나를 용감하게 만들어주는 막내딸 아마,
그리고 우리의 모든 딸에게.

늑대의 힘과
무리의 사랑을
매 순간 실감하며 살아가기를.

애비 웜백은 언제나 두려움이 없었다. 그녀는 한 번도 눈을 깜빡이지 않았다. 그녀의 팀이 필요로 하는 것이면, 그녀는 했다. 어떻게 그녀를 응원하지 않을 수 있단 말인가? 그녀는 스포츠에서의 평등에 관해 강력한 메시지를 던져왔다. 경기장에서 팀을 이끌든, 평등에 관한 중요한 이슈에 맞서 싸우든, 애비 웜백은 열정과 대담함을 무기로 삼아 행동하는 위대한 리더다.

_〈타임〉

애비 웜백은 『우리는 언제나 늑대였다』로 혁명을 일
으켰다. 그녀는 지금 우리에게 절실하게 필요한 자신
감과 리더십, 자매로서의 우애를 독려한다.

—에이미 슈머(배우, 〈뉴욕 타임스〉 베스트셀러 저자)

난 어떤 전장에서든 애비 웜백을 따를 것이다. 그녀
가 대담한 리더이기 때문이 아니라 그녀는 여성들
의 앞이 아닌 옆에서 우리를 이끌어주고 있기 때문이
다. 큰 감명과 용기를 주는 이 책의 페이지마다 애비
가 쉬지 않고 우리 곁에서 달리고 있는 것 같은 느낌
을 받았다. 애비는 모든 여성을 성공으로 이끌며 절
대 포기하지 말라고 격려하고 우리가 뭉치면 이룰 수
있는 것을 상기시킨다. 그녀는 자신이 우리들의 영웅
이 아니라 자매라는 것을 잊지 않도록 해주었다.

—엘리자베스 길버트(『먹고 기도하고 사랑하라』 저자)

이 책은 자녀에게 불가능은 없다고 가르치고 싶은 모

든 독자의 필독서다. 팀, 가족, 기업 등에서 의미 있는 삶을 이끄는 리더가 되고자 하는 모든 이를 위한 선언문이다. 이 책에서 말하는 '새로운 규칙'은 좋은 리더가 되기 위해 더 나은 방법을 모색하며 고군분투하는 이들에게 해답을 제시한다.

—세레나 윌리엄스(세계 여자 테니스 메이저 대회 최다 우승 기록자)

고통스러우면서도 명쾌하다! 이 책의 서문은 애비 웜백의 성과를 고통스럽고도 아름다우며 솔직하게 보여준다.

—NPR(미국 공영 라디오 방송)

애비 웜백은 미국의 영웅이다. 그는 인내심과 사려 깊은 마음을 가지고 다음 세대의 여성과 소녀 들에게 길을 열어주었다.

—게일 제막 레먼(〈뉴욕 타임스〉 베스트셀러 저자)

은퇴한 축구 스타 애비 웜백은 경기장에서 배운 실패와 승리의 교훈을 삶의 새로운 규칙에 적용하여 이 시대의 여성들에게 힘을 실어준다.

－〈뉴욕 타임스〉

애비 웜백의 『우리는 언제나 늑대였다』는 여성이 어떻게 역동적으로 힘의 방향을 바꿔나갈 수 있는지 보여주는 청사진이다.

－〈USA TODAY〉(미국 유일 전국 일간지)

미국의 축구 스타 애비 웜백은 미국 국가대표팀이 올림픽 금메달을 목에 걸도록 이끌었고, 이제 이 책으로 전 세계의 모든 여성이 큰 성과를 낼 수 있게 돕는다.

－〈피플〉(미국의 대중문화 주간지)

역대 최고의 공격수였던 애비 웜백은 이제야 정상에 섰을 때 가졌던 힘에 대해 깨닫는다. 이제 그의 관점은 바뀌었고, 그는 여성들이 더 많은 것을 요구할 수 있다는 메시지를 퍼뜨림으로써 세상을 변화시키려 한다.

"당신은 한 번도 빨간 모자였던 적이 없다. 당신은 언제나 늑대였다." 애비 웜백의 선언을 읽고 나는 경외심에 가득 찼다. 거대한 메시지를 담고 있는 이 얇은 책은, 내 조카가 읽는 법을 배우게 되었을 때 읽게 될 책이다. 애비 웜백은 늑대다. 그는 미래다. 그는 리더이고 조력자이며 그럴 만한 힘과 연대를 건네준다. 내가 읽은 책들 가운데 최고의 리더십 책이다.

이 책은 리더십, 특히 여성의 리더십에 관해 말한다. 여성들에게 순수한 영감을 주는 것을 넘어 성별과 나이를 불문하고 모든 사람에게 영감을 준다. "우리는 모두 리더다." 애비 웜백의 말처럼 우리가 살아 있다면, 우리는 리더다. 우리는 우리의 삶을 영위하고 있다. 그러므로 이 책은 모두를 위한 책이다.

_독자평

애비 웜백의 연설은 나를 울게 했고, 희망을 갖게 했으며, 평생 나와 함께할 것이다.

_독자평

내가 스스로를 여성으로 정체화하기 때문에 이 책은 여성의 관점에서 쓰였습니다. 그러나 이 책에 담긴 리더십에 관한 이야기는 모든 사람에게 적용될 수 있습니다.

최근에 리더십을 주제로 내게 강의를 의뢰했던 회사에서 한 남자가 말했습니다.

"죄송하지만, 당신이 이야기하고자 하는 것이 남성에게도 적용될 수 있다는 것을 확인할 필요가 있어요."

나는 대답했습니다.

"좋은 의견이군요! 당신이 지금까지 고용했던 모든 남자 연사에게도 그의 메시지가 여성에게 적용될 수 있는지 물었다면 말입니다."

여성들은 영원히 남성의 관점에서 나온 이야기 속에서 자신의 모습을 찾아야만 합니다. 이를 뒤집어 남성도 여성의 관점에서 쓰인 이야기로부터 스스로를 찾아낼 기회를 가질 수 있어야 합니다.

이 책에, 나는 여성, 남성, 소녀, 소년이라는 단어를 쓸 것입니다. 이 단어들은 내가 그리 선호하는 단어는 아닙니다. 나는 나 자신의 경험을 포함하여 젠더가 넓고 아름다운 스펙트럼임을 이해하려고 늘 노력합니다.

나는 모든 젠더, 젠더와 젠더 사이 그리고 젠더를 넘어 존재하는 사람들이 이 책을 읽으며 스스로를 찾아낼 수 있기를 바랍니다.

내 희망은 이 책이 인류 모두를 한 걸음 나아가게
하는 발판이 되는 것입니다.

애비 웜백

CONTENTS

늑대 무리에 오신 것을 환영합니다

당신이 유수의 여자 대학 졸업식에서 학위 수여식 연설을 요청받았다고 상상해보세요. 당신은 화려한 가운을 입고 연단에 서서 빛나는 눈을 가진 수백 명의 젊은이에게 15분 내에 당신이 알고 있는 모든 것을 말해야 합니다.

무엇이 좋은 삶을 만드는지,
무엇이 좋은 세상을 만드는지,
그리고 그 둘 다를 어떻게 이룰 수 있을지 말입니다.

이 상상이 당신을 멈추어 서게 하고, 당신이 믿고 있는 것에 대해 깊이 고민하게 하나요? 혹은 거대한 질문에 압도당한 기분이 들어 스스로를 폄하하게 되나요?

혹은 땀을 진탕 흘리면서 대학을 졸업하지도 않은 사람도 졸업식 연설을 할 수 있는지 생각하고 있나요? (마지막 걱정은 사실 내 이야기입니다.)

프로 선수 생활을 마치고 은퇴한 이후, 나는 버나드 대학의 라디오시티 뮤직홀에서 열린 제126회 졸업식의 학위 수여식 연설을 요청받았습니다. 초청장에는 다음과 같이 적혀 있었습니다.

"저희는 선생님이 필드에서 보여주신 재능에 감탄했을 뿐 아니라 젠더 평등, 임금 평등, 성 소수자 권리와 같은 문제에 헌신하시는 모습에도 감동을 받았습니다. 학생들의 인생에서 중요한 분수령으로 자리할 순간에 선생님을 모실 수 있다면 더없는 영광

이 될 것입니다."

나는 소파에 앉아 초대장에 적힌 내용을 두 번 읽고, 휴대폰을 들고 구글링을 하기 시작했습니다. '분수령(터닝 포인트, 혹은 역사적인 순간이라는 뜻이죠).'

그리고 생각했습니다.

좋아.

이 사람들은 나를 운동선수로 부르는 게 아니야.

이 사람들은 나를 활동가, 페미니스트, 리더로 부르는 거야.

학생들의 인생에서 가장 역사적인 순간 중에 하나가 될 자리에.

부담 가질 것 없어.

초청장에는 다음과 같이 적혀 있었습니다.

"버나드 대학 전 연사는 다음과 같습니다:

버락 오바마, 힐러리 클린턴, 사만다 파워, 셰릴 샌

드버그, 세실 리처드, 메릴 스트리프."

쫄지 마. 나는 생각했습니다(마흔 줄에 들어선 독자를 위해 덧붙이자면, 긴장하지 말라는 뜻입니다).

은퇴 이후, 나는 이곳저곳을 다니며 유명 운동선수로서 전 세계의 사람들 앞에서 이야기하곤 했습니다. 개인적인 경험을 말하기도 했고, 필드에서의 시간에 대해, 어떻게 챔피언이 되는지에 대해서도 이야기했습니다.

나는 화려한 축구 챔피언이었습니다.

나는 국제적으로 역사상 어떤 여성 그리고 남성보다도 많은 득점을 한 선수였습니다.

나는 올림픽 금메달을 두 번, 피파(FIFA, 세계 축구 경기를 관장하는 국제단체) 월드컵 챔피언십을 한 번 따낸 선수였습니다.

정말 멋진 이력이지요. 그러나 어렸을 때부터, 내가 축구에서 가장 좋아하는 점은 개인적인 능력을 발전

시키는 것도 아니었고 심지어 이기는 것도 아니었습니다.

나는 '하나의 팀'으로 이기거나 지는 걸 사랑했습니다.

나는 나 자신보다 큰 무언가의 일부가 되는 일을 사랑했습니다.

나는 함께 나누는 기쁨과 고통, 실패와 성공을 사랑했습니다.

나는 때론 알 수 없는 결과에 다 함께 굴복하게 되는 마법을 사랑했습니다.

나는 팀끼리 함께 먹는 저녁 식사, 모두와 함께 버스를 타는 일, 냄새 나는 탈의실의 친밀감을 사랑했습니다.

나는 내 팀원들과 내가 서로를 챙기고, 서로 싸우고, 서로를 존중하는 그 모든 방식을 사랑했습니다.

내가 축구에서 가장 사랑한 점은 여성으로 이루어진 팀의 일원이 되고 그들의 리더가 될 수 있다는 점이었습니다.

미국 여자축구 국가대표팀의 공동 주장으로서, 나는 탁월한 재능으로 저마다 성취를 맛본 스물세 명의 여성을 단합시킬 책임이 있었습니다. 그리고 개개인이 강력한 팀워크를 이룰 수 있도록 그들을 고무시켜야 했습니다. 팀원들의 도움을 받아, 나는 유능함보다 더 중요한 것에 기반을 둔 팀 문화를 만들어낼 수 있었습니다. 우리는 그저 이기기만 한 것이 아니었습니다. 즐겁게 이기고, 명예롭게 이기고, 연결되어 이기고, 서로에게 헌신하고 자매애를 느끼면서 승리했습니다. 우리는 그저 필드에서의 챔피언만이 아니었습니다. 우리는 서로의 챔피언이었습니다. 미국 여자축구 국가대표로 지낸 시간은 그저 승자로 보낸 세월이 아니었습니다. 우리는 더 나은 친구, 시민, 인간 존재가 되어갔습니다.

은퇴 이후 가장 커다란 상실은 내 팀을 잃은 것으로부터 왔습니다. 공동의 목표를 성취하기 위해서 만들어진 한 여성 집단 사이의 유일한 연결을 잃어버린 것입니다. 하지만 소파에 앉아 초대장을 읽으면서 나는 이렇게 생각했습니다.

국가대표로 있었던 시간이 그저 더 큰 경기를 위한 연습이었다면?

만일 내가 우리 팀의 문화를 더 많은 여성에게 전할 길을 찾을 수 있다면?

내가 새로 합류할 팀이 모든 곳에 있는 모든 여성이라면?

버나드 대학 학생들은 라디오시티 뮤직홀에 대학생으로 들어섰다가 사회인으로 나가게 될 것이었습니다.

내가 축구 필드에서 뛰었던 여성 리더인 애비 웜백으로 연설 무대에 올라, 전 세계 여성의 리더로 나아간다면?

나는 두려웠지만 어쨌든 버나드 대학의 초대에 수락하는 답을 보냈습니다. 이 수락은 대학생들을 위한 것이기도 했지만 나 자신을 위한 것이기도 했지요. 버나드의 여성들은 알지 못하는 미래로 나아가고, 스스로를 다시 발견하고, 세계에서 자신을 찾아가는 길에 혼자 서 있지 않았습니다. 내가 그들과 함께 있습니다. 그러니 이 연설은 내게도 하나의 분수령이 될 것이었습니다.

우선 그 전에 '빌어먹을' 연설문을 써야 했습니다.

모든 축구 경기에는 에너지가 변화하는 흐름을 느낄 수 있는 순간이 있습니다. 정신적인 고양감이라든지, 저쪽 팀에서 이쪽 팀으로 경기의 주도권이 넘어오는 순간이라든지, 우리가 원하는 골이라든지…. 나는 이 모든 것이 일어나도록 만들어야 했습니다. 그게 내 역할이었습니다. 이 흐름을 느낄 때면 나는 조용히 스스로에게 말했습니다.

가자, 애비. 움직일 시간이야.

앉아서 연설문을 준비하는 동안에도 나는 똑같이 말했습니다. 나는 이 경기를 감동적으로 만들어야 했습니다. 지금은 미국에서 여성을 위해, 여성을 향해 말해야 하는 필수적인 시점이기 때문입니다.

미국 사회는 내가 아는 그 어느 때보다도 둘로 나뉘어 있습니다. 소수자에 대한 차별과 여성 혐오가 정당화되고 있으며 정부의 가장 높은 관료들조차 이를 옹호하고 있습니다.

평등한 정의를 향한 진보의 목소리에 몰아치는 반동은 끔찍하고 고통스럽습니다.

미국은 젠더, 인종, 섹슈얼리티, 빈부 격차, 환경에 대해서 사고하는 방식 면에서 후퇴하고 있습니다. 많은 이가 화가 났고 또 다른 이들은 무심했습니다. 냉담함이 그 사이에 끼어들었습니다. 실질적인 변화에 영향을 주는 모든 것이 위협적으로 느껴졌습니다. 혹은 변화가 불가능하게도 여겨졌습니다.

물론 이 말은 불가능을 믿지 않는 사람에게는 적용

되지 않았습니다. 불가능을 믿지 않는다는 것은 삶의 자세와도 같으니까요. 더 큰 목표를 향해서 여성의 목소리를 모으는 팀은 불가능을 가능으로 만들고 또 만들었습니다.

버나드 대학의 여성들과 나누고 싶은 것이 무엇인지를 생각하는 동안 나는 그들이 개인성을 드러내고, 집단적인 힘을 모으고, 풍경을 바꾸어내는 방식에 주목하고자 했습니다. 그러면서 최근에 보았던, 옐로스톤 국립공원의 늑대에 관한 TED 강연을 떠올렸습니다.

1995년, 옐로스톤 공원에 늑대들이 다시 나타났습니다. 약 70년 만이었지요. 늑대 방사와 관련해 논란이 많았지만 공원 관리자들은 위험을 감수할 만한 결정이라고 판단했습니다. 당시 공원에는 문제가 많았기 때문입니다.

늑대가 없는 70년 동안, 사슴의 수가 폭발적으로 늘어났습니다. 사슴이 먹이사슬의 가장 위에 홀로 있었기 때문입니다. 사슴들은 누구의 눈치도 보지 않고 풀을 뜯었고 그 결과 목초가 황폐해져서 둑이 침식될 지경에 이르렀습니다.

그리고 몇 마리의 늑대가 공원으로 돌아오자, 그 즉시 커다란 변화가 일어났습니다.

우선 늑대들은 사냥을 통해 사슴을 민첩하게 만들었습니다. 더 중요한 것은 늑대의 존재 자체가 사슴의 행동을 극적으로 바꾸었다는 것입니다. 사슴들은 늑대에게 들킬 수 있는 가장 취약한 장소인 계곡을 피하게 되었습니다. 그러자 그곳에 다시 풀이 자라나기 시작했습니다. 6년 만에 나무의 키가 다섯 배나 자라났습니다. 새와 비버가 다시 찾아오기 시작했습니다. 비버는 강둑을 지었고, 이 강둑은 수달, 오리, 물고기의 서식지가 되었습니다. 늑대가 먹고 남긴 동물의 사체를 먹으려 까마귀와 대머리독수리가 돌아왔습니다. 베리 열매가 다시 자라면서 곰도 돌아왔습니다.

그게 끝이 아니었습니다. 강도 바뀌었습니다. 식물이 다시 자라나면서 강둑이 안정화되어 무너지지 않게 되었습니다. 강물이 다시 유유히 흐르기 시작했습니다. 간단히 말하면,

식물 생태계가 복구되었습니다.
동물 생태계도 복구되었습니다.
전체 풍경이 바뀌었습니다.
오로지 늑대의 존재 때문이었습니다.

공원에서는 무슨 일이 일어났던가요?
체계의 위협으로 간주되던 늑대들이 체계를 구했습니다. 이제 오늘날 우리 세계를 둘러보세요. 세계에는 무슨 일이 일어나고 있습니까?
체계에 위협이 된다고 간주되는 여성들은 우리 사회를 살리고 있습니다.

우리가 기다리던 존재는 바로 우리 자신입니다.

우리가

바로

그 늑대들입니다.

내가 살아가는 동안 나의 늑대 무리는 내 축구팀이었습니다.

이제 내 팀의 멤버는 세계 모든 곳에 사는 모든 여성입니다.

늑대는 무리를 단결시키기 위한 구조를 필요로 합니다. 같은 심장박동을 만들어내는 가장 효과적인 방식은 무리를 위한 규칙을 만드는 것입니다.

미국 여자축구 국가대표팀은 독특한 존재입니다. 전부 여성으로 이루어진 이 생태계는 더 큰 체계로부터 다양한 방식으로 분리되어 존재합니다. 피파는 여자축구를 무시하고 폄하했습니다. 이들은 스스로 이루어내야 했습니다. 이들은 자신들의 스포츠에 대한 존중과 미래를 원한다면 스스로 창조해내야 한다는 것을 알고 있었습니다. 여성들은 스포츠 지형을 바꾸어놓은 한 무리의 늑대였습니다.

1999년, 내가 대표팀에 들어가기 2년 전, 미국 여자 축구 국가대표팀은 피파에 가서 이렇게 말했습니다.

남자들이 하듯이 월드컵 때 내셔널 풋볼 리그 경기 장에서 경기를 하겠다고.

피파는 말했습니다. 안 된다. 여자는 그런 규모에서 경기할 수 없다. 그럴 만한 티켓을 팔 수 없을 것이다. 다른 말로 하면, 네 자리에 있으라는 뜻이었습니다. 오래된 규칙을 따르고 우습게 굴지 말라는 뜻이었습니다(참고: 누군가 당신에게 우습게 군다고 하면 당신이 무언가를 해내고 있다는 뜻입니다).

미국 여자축구팀은 이 경고를 무시하고 꿈꾸던 대로 행동하기 시작했습니다. 이들은 자발적으로 게릴라 마케팅 캠페인을 펼쳤습니다. 학교를 찾아가 아이들로 꽉 찬 체육관에서 이야기를 했습니다. 축구를 하는 소녀 팀을 놀라게 하기도 했습니다. 한번은 유소년축구 토너먼트 경기장을 지나다가 버스 기사에게 잠시 세워달라고 하면서 아이들에게 월드컵 이야기를 하겠다고도 했습니다. 지리멸렬하면서도 헌신적인 일들이었습니다. 이들은 자존심 따윈 버리고 온 마음을 다 바쳤습니다. 이들은 가능하다고 믿는 미래를 향해 단합했고 몸을 던졌습니다. 기운을 차리겠다고 단단히 결심한 채였습니다.

그리고 이들은 해냈습니다. 관중석 티켓을 매진시켰습니다. 이들은 세계가 한 번도 보지 못한 가장 강력한 여성 스포츠를 만들어냈습니다. 여성 스포츠 역사상 가장 큰 경기였습니다. 파사데나 로즈 볼에서 치러졌던 결승에는 9만 명이 넘는 사람들이 모였습니다. 가장 많은 관중이 모인 여성 스포츠 경기였습니다. 또한 남자 월드컵 경기를 포함해 지금껏 미국 역사상 가장 많은 관중을 불러 모았던 축구 경기이기도 했습니다.

전 세계에서 4천만 명이 이 경기를 생중계로 지켜 보았고, 하키와 농구 결승 경기보다 더 높은 시청률을 기록했습니다. 이 여성들에 의해서 새로운 규칙이 쓰였습니다. 이는 전적으로 앞을 내다볼 줄 알았던 대장부들이 오래된 규칙을 부술 용기를 가진 덕이었습니다.

오스카 최고 작품상 후보에 오른 최초의 흑인 여성인 에이바 듀버네이는 다음과 같이 말했습니다.

"유리 천장을 마주할 때면… 나는 자기 자신의 천장을 직접 만든 이들에게서 용기를 얻곤 합니다. 나는 나를 들이고 싶지 않아 하는 남성이 지키고 있는 문을 두드리는 데는 그다지 관심이 없습니다. 내 집을 직접 짓는 일에 더 많은 관심을 갖지요."

내가 버나드 대학 학생들과 나누고 싶은, 그리고

이 책을 통해 전하고자 하는 메시지란 다음과 같습니다. 여성은 오래된 규칙을 따르는 일을 그만두어야 합니다. 이 규칙은 오로지 현재 상태를 유지하기 위한 것입니다. 우리가 만일 지금껏 따라왔던 규칙을 계속해서 따르게 된다면, 게임은 똑같이 불공평한 채로 남아 있을 것입니다. 오래된 사고방식은 새로운 세계를 짓게 도와주지 않습니다. 우리는 오래된 것으로부터 벗어나고, 새로운 세계로 들어와야 합니다.

늑대 무리의 길에 동행하게 된 것을 환영합니다. 이제부터 소개될 여덟 가지 새로운 규칙이 당신의 게임을 바꾸어줄 것입니다.

하나

당신은 언제나 늑대였다

오래된 규칙: 길을 벗어나지 마라

새로운 규칙: 나만의 길을 만들어라

여느 소녀들처럼, 나는 정해진 길을 벗어나지 않으면서 고개를 숙이고 맡은 일을 해내야 한다는 가르침을 받으며 자랐습니다. 마치 동화 『빨간 모자』에 나오는 소녀처럼요.

빨간 모자 이야기는 다들 알고 있을 것입니다. 세상이 소녀들에게 경고를 하기 위해서 지어낸 다양한 이야기 중 하나지요. 빨간 모자는 엄격한 규칙을 받고서 숲을 헤쳐나갑니다.

"길을 벗어나지 말고 그대로 있어라.

누구와도 이야기하지 말아라.

고개를 숙이고 망토 속으로 숨어라."

빨간 모자는 규칙을 지킵니다. 처음에는요. 그러다
가 조금 호기심이 생겨 길을 벗어납니다. 그러자 당
연하게도, 빨간 모자는 커다란 나쁜 늑대를 만나면서
문제에 휘말리게 됩니다.

이야기의 메시지는 아주 선명합니다.

규칙을 따라라.

호기심을 갖지 마라.

너무 많이 말하지 마라.

더 기대하지 마라.

그렇지 않으면 나쁜 일이 일어나게 될 것이다.

그러나 내가 세상으로 나아갔던 경험을 떠올려보

거나, 지나간 삶을 돌이켜보았을 때, 이 이야기가 틀렸다는 사실이 더 또렷해졌습니다. 길을 벗어나기로 감히 결심했을 때마다 나에게, 혹은 비슷한 결정을 내린 내가 존중하는 여성들에게 항상 좋은 일이 일어났거든요.

내가 어렸을 때, 나는 이런 말을 들었습니다.

착한 소녀는 원피스를 입어요.

나는 원피스를 입기 싫었습니다.

원피스를 입었을 때, 나는 거울을 보며 위장이 목구멍 밖으로 튀어나오는 듯한 기분을 느끼곤 했습니다. 나는 거울에 비친 나를 바라보며 생각했습니다. 이렇게 보이는 것도, 이 옷을 입은 느낌도 싫어. 이건 내가 아니야.

나는 원피스를 입은 순간부터 벗을 때까지 숨을 참아야 할 것만 같은 느낌을 받았습니다. 마치 내가 누구인지를 숨기려고 착하게 보이기 위한 코스튬을 입은 것만 같았습니다.

내 안의 강렬한 늑대를 감추기 위한 코스튬을 모두 가지고 있지 않은가요?

어린 시절 나의 질문은 이것이었습니다.

왜 나는 원하는 옷을 입을 수 없을까?

여고에 간 뒤로는 규칙이 바뀌는 듯했습니다.

나는 교실에서 친구들의 성격이 완전히 바뀌는 것을 목격했습니다. 남자아이들과 함께 있을 때는 조용했던 여자아이들이 여자들만 있는 교실에서는 활기차고 의견을 주도해나가는 성격으로 바뀌었습니다. 남자아이들 사이에서 거의 먹지 않던 여자아이들은 점심시간 동안 왕성하게 식사를 했습니다. 단순히 행동과 식사 습관만 바뀐 것이 아니었습니다. 입는 옷도 바뀌었습니다. 학교에서, 우리는 누군가의 시선을 끌기 위해서가 아니라 편안하기 위해 옷을 입었습니다. 우리는 여자아이들이 남자아이들을 위해서 옷을 입을 필요가 없다는 것을 배웠습니다. 우리는 우리 자신을 위한 옷을 입었습니다. 우리는 마음속에서 느끼는 대로 몸을 감쌀 옷을 골랐습니다. 다른 이들이 불편하게 느낀다 하더라도 우리 자신의 편안함을 추구할 수 있었습니다.

고등학생 시절 나는 남자아이들과 데이트를 했습니다. 우리 사회의 문화와 종교적 배경이 여자아이라면 마땅히 그렇게 해야 한다고 가르쳤기 때문입니다. 남자아이들은 괜찮았습니다. 내 기억에는 그랬던 것 같습니다. 그러나 한 여자아이와 눈을 마주쳤을 때 느낀 짜릿하고 강렬한 감정은 사랑이 그저 괜찮은 것 이상이어야 한다고 깨닫게 해주었습니다. 가족을 잃는 것이 두려워, 나는 동성애자라는 사실을 공개할 수 없다는 결정을 내렸습니다. 이는 내 가슴을 아프게 했습니다.

10대 시절 내 질문은 이것이었습니다.

왜 나는 내가 원하는 사람과 사랑할 수 없을까?

나는 내 일부를 가능한 한 오래 묻어두었습니다. 그리고 고등학교 3학년이 되었을 때 처음으로 진짜 사랑을 경험했습니다. 이 사랑은 공기, 음식, 보금자리만큼이나 삶에 핵심적이고도 필수적이라는 느낌을 주었지요. 나는 많은 동성애자들이 그러하듯이 동성애자로서의 첫 연애를 비밀리에 시작하게 되었습니다. 비밀은 나에게 분노와 독을 동시에 주었습니다. 나는 이 사실을 누구에게도 말할 수 없었고 가족과 친구로부터 두려움과 고립감을 느꼈습니다. 그러나 동시에 '진정한 사랑'은 인간이 필요로 하는 것이며 내가 사랑과 관련된 나의 일부를 부정한다면 내 안의 늑대가 죽으리라는 것을 함께 깨닫게 되었습니다.

떨면서, 그리고 오랫동안 비밀에 부친 뒤에, 나는 사랑을 택했습니다. 나는 나를 택했습니다.

이후, 나는 프로 축구 선수가 되겠다는 꿈을 꾸었습니다. 문제는 여자 프로 축구가 생겨난 지 얼마 되지 않아서 심지어 나는 그게 있는 줄도 몰랐다는 것이었습니다. 그래서 나는 미국 남자축구 국가대표팀 경기를 보면서 이렇게 생각했습니다. 나도 할 수 있어. 하고 싶어.

20대 시절 나의 질문은 이것이었습니다.

왜 나는 내가 원하는 것이 될 수 없을까?

나는 알아채지 못했지만 여성들은 무대 뒤에서 내가 어느 날 잡고 싶어 하는 기회를, 내가 만들고 싶은 커리어를 시작할 수 있는 발판을 창조하고 있었습니다. 여성들은 '타이틀 나인(여학생들이 차별을 받지 않고 체육 활동을 할 수 있도록 지원하는 제도. 1972년 제정된 미국의 교육법)'을 만들기 위해서 싸우고 있었습니다. 여자 프로 리그를 만들고 막 시작된 미국 여자축구 국가대표팀의 생활 가능한 임금을 확보하기 위한 파업을 벌이고 있었습니다. 내가 대학을 떠날 때쯤, 여성들은 내가 지금껏 한 번도 걸어보지 못한 길을 닦고 있었습니다.

이 여성들은 빨간 모자의 규칙을 따르지 않았습니다. 그들을 위한 길이 없었기 때문에 직접 만들었습니다. 이들은 벽돌을 하나씩 쌓으면서 새로운 길을 냈습니다. 다음에 올 늑대 세대가 그 길을 함께 걸을 수 있게 하기 위해 말입니다. 그들은 내가 필요한 줄도 몰랐던 것들을 만들어주었습니다. 그들은 삶과 경력을 걸고 많은 이들이 자신이 취할 수 있을 줄 몰랐던, 그러나 실제로 거머쥘 수 있었던 이득을 만들어내기 위해서 노력했습니다.

내가 어린 나를 만난다면 이렇게 말할 것입니다.

애비.
너는 한 번도 빨간 모자였던 적이 없어.
너는 언제나 늑대였단다.

모든 여성 안에는 늑대가 존재합니다. 그 늑대는

세상이 그에게 무엇이 되라고 말하기 전부터 내면에
존재했습니다. 늑대는 여성의 재능이요, 힘이요, 꿈이
요, 목소리요, 호기심이요, 용기요, 존엄이요, 선택이
요, 가장 진실된 정체성입니다.

You were never
Little Red
Riding Hood.
You were always
the Wolf.

원하는 것을 입어라

사랑하는 사람을 사랑하라

상상하는 것이 되어라

필요한 것을 창조하라

당신은 한 번도 빨간 모자였던 적이 없다

당신은 언제나 늑대였다

둘

감사하라, 그리고 야망을 가져라

오래된 규칙:
가진 것에 감사하라

새로운 규칙:
가진 것에 감사하고
받아 마땅한 것을
요구하라

선수 생활을 은퇴한 후, 스포츠 채널 ESPN은 내게 아이콘 상을 주어서 내 공적을 기리겠다고 했습니다. 나는 전미 농구 협회의 코비 브라이언트와 전미 풋볼 리그의 페이턴 매닝이라는 은퇴한 다른 두 챔피언과 함께 '탁월한 스포츠 선수상'을 받기를 수락했습니다.

나는 신이 났습니다. 텔레비전으로 중계되는 이 행사는 무척 중대한 일이었습니다. 처음 내 머릿속에 든 생각은, '뭘 입지?'였습니다.

답은 정말 내가 입고 싶어 하는 것, 즉 운동화 등이

었습니다. 나는 새 정장을 맞추었고 화려한 운동화를 신었습니다. 머리를 새로 염색하고 깎았습니다. 축구 아이콘인 동시에 패션 아이콘이 되지 못할 이유는 없으니까요.

시상식에는 저스틴 팀버레이크가 수상자로 나왔습니다. 그는 무대에서 우리의 경력 가운데 하이라이트가 될 만한 영상들을 관객석에 틀어주었습니다. 그는 우리 셋의 공통점에 대해 이야기했습니다. 바로 우리의 재능과 의지, 헌신에 대해서요. 그는 우리가 운동선수로서 이루고자 했던 일들에 대해 이야기한 후 경기를 치르는 도중 부상을 입어 피가 흐르는 내 이마를 스테이플러로 찍는 영상을 틀어주었습니다. 그는 충격을 받아 영상을 멈추더니 이렇게 말했습니다.

"스테이플러로, 이마를 찍고 있어요."

객석은 술렁이다가 이내 웃었습니다. 나는 내가 이 무대에 서 있다는 사실이 뿌듯했습니다. 짓궂은 대장부가 된 느낌이었습니다.

상을 받는 차례가 되었습니다. 카메라가 돌아가고 객석의 응원 소리가 들리는 가운데 세 선수가 나란히 서 있었습니다. 코비와 페이턴이 그 순간 어떻게 느꼈는지는 모르겠지만, 나는 마음을 압도하는 감사함을 느꼈습니다. 그 자리에 서 있다는 사실에, 내가 코비와 페이턴과 함께 서 있다는 사실에 감사했습니다. 여자 운동선수들이 온갖 시련 끝에 마침내 해냈을 때처럼 도착점에 다다랐다는 기념비적인 기분을 느꼈습니다.

그리고 박수가 멎었습니다. 셋이 함께 무대에서 내려갈 시간이 되었습니다. 무대를 내려가는 남자들을 바라보면서, 나는 우리 셋이 비슷한 경력을 끝마치고 내려가지만 매우 다른 미래를 마주하게 될 것임을 직감했습니다.

코비, 페이턴, 나는 각자의 경력을 위해 같은 것을 희생했습니다. 비슷한 양의 피와 땀, 눈물을 흘렸습니다. 비슷한 수준의 세계 챔피언십을 거머쥐었습니다. 똑같은 야성, 재능, 헌신을 몇십 년 동안 필드에 쏟아부었습니다. 그러나 우리의 은퇴 이후는 전혀 같지 않았습니다. 코비와 페이턴은 무대를 떠나 내가 가지지 못한 미래를 향해 걸어갈 것이었기 때문입니다. 바로 어마어마한 통장 잔고 말이지요. 그들은 내가 가지지 못한 것을 가질 것이었습니다. 바로 자유말입니다. 그들은 고된 노력을 막 끝냈고 나는 갓 시작한 참이었습니다.

그날 나는 호텔 방으로 돌아와 침대에 누워 몇십 년 동안 내 안에 잠재되어 있던 것의 정체를 인정하기로 했습니다. 바로 분노였습니다.

2018년 피파 남자 월드컵의 우승팀은 3천 8백만 달러의 상금을 거머쥐었습니다. 2015년 피파 여자 월드컵 우승팀 상금의 무려 열아홉 배나 되는 수치이지요. 열아홉 배. 월드컵에서 우승했던 2015년, 미국 여자축구 국가대표팀은 6백 60만 달러를 벌어들였습니다. 남자축구팀이 겨우 2백만 달러를 밑도는 이윤을 내는 동안에 말입니다.

나는 이 엄청난 불평등과 명백한 부정의에 대해서 목소리를 더 높이지 않았다는 사실 때문에 스스로에게 화가 났습니다. 이것은 내 팀원과 멘토 그리고 모든 여성을 아우르는 분노였습니다. 나는 이것이 그저 나의 일이 아니고, 그저 스포츠에 국한되는 일이 아님을 알고 있었습니다.

내 이야기는 모든 여성의 이야기였습니다.

남성과 같은 커리어를 유지하는 여성은 평균적으로 남성보다 훨씬 적은 돈을 법니다. 2018년 1분기 때, 미국 여성은 모든 직업군과 연령을 통틀어 자신과 같은 직위에 있는 남성 임금의 81.1퍼센트밖에 받지 못했습니다(2018년 한국의 남성 대비 여성의 임금은 66.6퍼센트로 16년째 OECD 주요국 중 최하위 수준이다). 연구 결과에 따르면 일반적으로 미국 여성은 동등한 직위의 남성과 같은 연봉을 받기 위해서 66일을 추가로 일해야 한다고 합니다. 임금 불평등은 유색 인종 여성의 경우 더욱 심화됩니다. 코카시안 남성이 1달러를 버는 동안 아프리칸 여성들은 63센트를, 히스패닉 여성은 54센트를 버는 데 그칩니다.

나는 경력을 쌓는 내내 그날 상을 받는 무대에서 느꼈던 감정과 같은 마음을 가지고 있었습니다. 그저 감사하는 것 말입니다. 임금에, 국가를 대표함에, 어느 자리에서 여성 대표로 나올 수 있음에 너무나 감사한 나머지, 나와 우리 모두의 평등을 위해서 정당한 대가를 요구하기 위해 목소리를 높이는 일을 두려워했습니다.

여성과 남성의 임금 격차를 만드는 것은 남성의 권리 주장과 음모뿐만이 아닙니다. 그저 감사해하는 여성의 태도 역시 임금 격차를 유지하게 만듭니다.

우리의 그저 감사하기만 하는 태도는 권력이 몇 명의 여성을 토큰처럼 쓰면서 우리의 나머지를 있던 곳

에 머물도록 만드는 방식 그 자체라는 것을 잊지 않

길 바랍니다.

Be **grateful** for what you have AND **demand** what you deserve.

감사하라

그러나 그저 감사해하지 말라

감사하며 용감하게 움직여라

감사하며 야망을 가져라

감사하며 공정하게 행동하라

감사하며 꾸준하라

감사하며 목소리를 높여라

가진 것에 감사하라

그리고 받아 마땅한 것을 요구하라

셋

벤치에서 리드하라

오래된 규칙:
리드해도 좋다는 허락을 기다려라

새로운 규칙:
당장, 지금 있는 곳에서부터 리드하라

리더에 대해 생각하면 누가 떠오르나요? 정치인? 최고 경영자? 코치?

흔히 이런 인물들을 떠올릴 것입니다. 내 질문은 이것입니다.

왜 나 자신이 바로 리더라고 생각하지 않는가?

그 대답은 '리더십'에 관해서 우리 중 너무 많은 이를 너무 오래 누락시켰던 문화에서 비롯될 것입니다.

2015년은 내게 의미가 깊은 한 해였습니다. 경력을

마감하는 해였기 때문에, 나는 미국 여자축구 국가대표팀을 월드컵 챔피언으로 이끌어서 대미를 장식할 작정이었습니다.

공동 주장으로서, 내 임무는 코칭 스태프로 하여금 열한 명의 선발 선수들을 단합하여 토너먼트에서 이길 수 있는 최고의 기회를 주는 것이었습니다.

이때 나는 어려운 결정을 내려야 했습니다.

처음 몇 게임을 하고 나서, 내가 더 이상 선발로 뛸 수 없음이 자명해졌습니다. 서른다섯 살이었던 나는 팀에서 가장 나이가 많았습니다. 발을 삐끗해 만성적인 통증에 시달리고 있었습니다. 나는 더 이상 이전과 같은 선수가 아니었습니다. 팀도, 코치도, 나도 그 사실을 알고 있었습니다.

생각해보세요. 나는 지구상의 어떤 사람보다도 국제 경기에서 많은 골을 기록했습니다. 지난 10년 동안 미국 여자축구팀의 공동 주장으로서 팀에 거듭 승리를 안겨주었습니다. 그리고 팀과 코치는 마지막 월드컵에서 더 이상 내가 선발로 뛸 수 없다는 결정을 내리고 있습니다. 대신에 벤치에 앉아 있어야 하는 것입니다.

미국 국가대표팀의 공동 주장인 '애비 웜백'으로서 이는 받아들이기 어려운 결정이었습니다. 경쟁심 많은 꼬마로 자라나 자기 분야에서 팀에 승리를 안겨주었고, 바라는 모습으로 경력을 마무리 짓고 싶어 했던 애비라는 개인으로서는 더욱 그랬습니다.

하지만 월드컵 선발 주자로 경력을 마무리하는 일은 리더십에 관한 가장 중요한 교훈을 가르쳐줄 수 없었습니다. 그 교훈이란 내가 이전에 미처 배우지 못했으며 삶의 다음 단계로 나를 이끌어줄 수 있는 것이었습니다. 나는 어떻게 필드에서 사람들을 이끌어야 할지 이미 알고 있었습니다. 이제는 벤치에서 리드하는 법을 배워야 할 차례였습니다.

토너먼트의 두 번째 경기가 시작되었습니다. 나는 필드에 나가 커다란 눈망울을 가진 아이의 손을 붙들

고 환호성을 지르는 관중들 앞에 다른 선발 주자들과
나란히 서는 일에 익숙했습니다. 우리는 필드 중앙으
로 나가 국기를 마주 보고 국가를 들었습니다. 이것
이 내가 경기 전에 하던 의식이자 내 경력의 명예로
운 부분이었습니다.

그러나 이번에 나는 후보 선수들과 함께 걸어가 벤
치에 서서 열한 명의 선발 주자들이 가슴에 손을 얹
고 국가를 듣는 모습을 바라보아야 했습니다.

관중, 팬과 팀원 들의 눈이 나를 향한 것을 알고 있
었습니다. 그들은 내 반응을 살폈습니다. 나는 입을
삐죽거리며 이 순간 관중의 시선이 내게 쏠리도록 할
수도, 나의 자존심을 속으로 삼켜내고 관중이 오로지
우리 팀에 집중하게 할 수도 있는 기로에 서 있었습
니다.

필드에 있을 때, 내게 가장 영감을 불어넣고 동기
를 부여하던 것은 수많은 낯선 이의 응원이 아니라
내 팀원들이 나를 바라보고 내게 주의를 집중하고 나

를 믿는 순간이었습니다. 나는 오랫동안 나와 팀을 이루었던 동료이자 친구, 로리 린지를 떠올렸습니다. 우리는 열다섯 살 때부터 함께 경기를 해왔습니다. 로리는 국가대표팀에서 계속 선발 주자로 뛰지는 않았지만 다른 선수들이 90분간 경기를 하는 동안 벤치에서 우리를 응원하고 에너지를 불어넣으면서 팀을 더 나은 상태로 만들어주었습니다. 나는 로리에게로 마음속 채널을 맞추기로 했습니다.

나는 주의를 집중했습니다. 나는 시끄럽게, 끊임없이 응원의 목소리를 높였습니다. 코치가 나를 벤치의 먼 가장자리로 옮겨놓을 정도로요. 나는 계속해서 물을 채워놓았습니다. 골이 들어가면 환호했습니다. 실수할 때에도 우리 팀을 믿었습니다. 필드에 있는 여성들은 자매와 같았으므로 모든 순간마다 그들이 내게서 무엇을 필요로 하는지 알 수 있었습니다. 그것이 위안, 격려, 강렬한 사랑, 가르침, 무엇이든 간에 나는 그것을 주었습니다. 경기가 끝날 무렵, 나는 너무나 지쳤습니다. 마치 90분간 내가 경기를 뛴 것처럼요. 선발 주자들은 필드에서, 나는 벤치에서 모든 것을 쏟아부었습니다.

토너먼트 내내 나는 벤치에서 소리 높이기를 계속했습니다. 그해 우리는 월드컵에서 우승컵을 거머쥐었습니다. 선발 주자와 후보 선수들 모두가 한 팀으로서 서로 축하를 나누었습니다. 2015년 월드컵 우승의 이유 가운데 하나는 벤치에서의 서포트가 있었기 때문임을 알고 있습니다. 내가 그해 경기에서 느꼈던 자부심은 어떤 멋진 골을 넣었던 때에 느꼈던 자부심과 겨룰 만합니다.

당신 역시 때로 벤치에 나앉은 느낌을 가질 것입니다. 프로젝트에서 밀리고, 승진하지 못하고, 아프고, 선거에서 지고, 더 이상 당신을 원치 않는 아이에게서 소외감을 느낄지도 모릅니다. 슈트 케이스 대신 아이를 안고 동료들이 앞으로 나아가는 모습을 지켜

보며 그들이 당신을 뒤에 미루어둔 느낌을 받을지도 모릅니다.

중요한 건 이겁니다. 삶이 당신을 벤치에 밀어 넣는 느낌을 받을 때, 당신은 물론 실망할 수 있습니다. 그러나 당신은 벤치에서 리드할 기회를 놓쳐서는 안 됩니다.

벤치에서 리더가 될 수 없다면 필드에서의 당신을 리더라고 부르지도 말아야 합니다.

당신은 모든 곳에서 리더이거나 어디에서도 리더가 아닙니다.

지금까지 내가 본 가장 용맹한 리더들은 어머니와 아버지 들이었습니다. 양육에는 벤치가 없습니다. 그저 큰 경기를 함께 뛸 뿐이지요.

모든 여성은 자기 삶의 리더입니다. 그 힘을 포기해서는 안 됩니다. 주장하고, 가치를 부여하고, 활용해야 합니다.

리더십이란 테이블에 대표로 앉아 있는 남성만을 위한 것이 아닙니다. 자신의 목소리로 삶을 살아가고 자신의 관심을 향해 삶을 이끌어가는 모든 여성을 위한 것입니다.

리더십은 학교에서 자원봉사를 하고, 친구를 격려하고, 죽어가는 어머니와 아버지의 손을 잡는 일입니다. 더러운 신발끈을 매고, 치료를 받으러 가고, 가족과 친구에게 이렇게 말하는 일입니다.

이곳에서 불친절은 용납되지 않아.

리더십은 학교 이사회에 서명하고, 독신모가 아이를 집에 데려다주고, 당신이 스스로에게 부여하는 가치를 세계에 증명하기 위한 경계를 직접 만들어내는 모든 일입니다. 리더십은 스스로를 살피고 다른 이들에게 힘을 북돋아주는 일입니다.

리더십은 벌어들이는 자리가 아니라 스스로 주장하여 얻어내는 내재적인 힘입니다.

리더십은 혈관을 따라 흐르는 피입니다. 그것은 당

신의 안에 있습니다.

리더십은 소수의 특권이 아니라 모두의 권리이자 책임입니다.

리더는 세상이 당신에게 부여하는 타이틀이 아니라 당신이 세상에 줄 수 있는 것입니다.

If you are alive, you are a leader.

당신이 목소리를 가졌다면
그것을 퍼뜨릴 영향력이 있다

당신이 관계 맺고 있다면
그것을 이끌 심장을 가지고 있다

당신이 젊은이들을 알고 있다면
그들을 위한 미래를 만들어나갈 수 있다

당신이 특권을 가졌다면 나눌 힘이 있다

당신에게 돈이 있다면 내어주면서 지지할 수 있다

당신이 투표용지를 가지고 있다면 정책을 다듬을 힘이 있다

당신이 고통스러워한다면 나눌 공감력도 가지고 있다

당신이 자유를 거머쥐었다면
타인의 자유를 위해 싸울 수 있다

살아 있는 한 당신은 리더다

넷

실패를 연료로 삼아라

오래된 규칙:
실패는 당신이 게임에서 나가야 한다는 뜻이다

새로운 규칙:
실패는 당신이 드디어 게임 안에 들어왔다는 뜻이다

유소년 국가대표팀에서 미아 햄 선수와 경기하기를 꿈꾸던 때, 나는 미국 여자축구 국가대표팀의 탈의실을 방문할 기회를 얻었습니다. 나는 내가 본 모든 것을 기억하기 위해서 시간을 멈추었던 것만 같습니다. 잔디 얼룩이 진 영웅들의 스파이크, 캐비닛에 적힌 이름과 숫자, 의자 위에 깔끔하게 접혀 있던 유니폼 들 모두요.

그러나 내 기억 속에 영원히 남은 이미지는 따로 있습니다.

내가 가장 생생히 기억하는 이미지는 5×7인치 크기의 사진 한 장입니다.

누군가 그 작은 사진을 문 옆에 붙여놓았습니다. 아마 선수들이 경기장에 들어서기 직전에 마지막으로 보는 자리였을 것입니다.

가장 크게 이긴 경기의 한 장면이나 시상대에서 금메달을 수여하는 장면처럼 무언가를 축하하는 사진이라고 생각할 수 있지만 그런 게 아니었습니다. 그 사진은 미국팀의 오랜 라이벌인 노르웨이 국가대표팀이 1995년 월드컵에서 미국을 이겼던 장면을 담고 있었습니다. 그것은 팀의 패배를 담은 사진이었습니다.

5년이 지나, 나는 국가대표팀에 합류했습니다. 어느 날 우리는 식당의 큰 테이블을 차지하고 앉아 몇 시간 동안 이야기를 하면서 시간을 보내고 있었습니다. 나는 용기를 내어 사진에 대해서 물었습니다. 그 사진에 무슨 의미가 깃들어 있는지 알아야겠다고 생각했습니다.

"저기, 탈의실 벽에 왜 노르웨이팀 사진을 붙인 거예요? 왜 그 사진을 경기 나가기 직전에 마지막으로 보는 거죠?"

그들은 미소 지었습니다. 올바른 질문을 던질 신참을 찾고 있었던 게 분명했습니다. 그들은 내게 국가대표팀의 제1원칙은 '이기는 것'이라고 설명했습니다. 그러나 실패를 겪는다 해도 팀은 실패를 두려워하지 않으며, 실패는 팀의 연료가 된다고 말했습니다. 팀은 1995년의 대패를 결코 부인하지 않았습니다. 거부하지도 않았습니다. 그것이 그들이 최고 수준의 경기를 뛸 만한 자격이 없다는 증거라고 여기지도 않았습니다.

대신 그들은 끊임없이 기억했습니다. 어제의 실패로부터 얻은 교훈이 내일의 승리가 된다는 것을 알고 있기 때문이었습니다.

나는 물었습니다.

"그 사진을 걸어둔 효과가 있었나요?"

줄리 푸디 선수는 말했습니다.

"흠, 우리는 이듬해에 첫 번째 올림픽 금메달을 따왔지. 어떻게 생각하니?"

나는 그날 그 자리에서 필드 안팎으로 챔피언이 되기 위해서는 실패를 연료 삼는 삶을 살아야 한다는 사실을 깨달았습니다.

여성들은 실패의 힘에 가까이 가지 못합니다. 실패의 순간이 다가오면 우리는 패닉에 빠지고, 부인하고, 거부합니다. 우리에게 실패란 최악의 시나리오이며, 우리가 사실상 가치 없는 사기꾼이라는 증거가 됩니다. 남성들은 계속해서 실패하고도 영원히 경기를 뜁니다. 왜 실패는 우리를, 여성만을 경기장 밖으로 몰아내는 걸까요?

불완전한 남성들은 태초부터 계속해서 힘을 얻고,

세계를 주도해나가도록 허락받습니다. 이제는 불완전한 여성들 역시 그 대열에 합류할 때입니다.

완벽은 리더십의 전제 조건이 아닙니다. 그러나 우리는 그렇게 믿으면서 우리 자신이 리더십을 펼치지 못하는 것을 용인해왔습니다.

선두에 등장할 만한 가치가 있는 여성은 완벽해야한다는 오래된 규칙이 있었습니다. 모든 것이 완벽한 사람은 없으므로, 이 규칙은 여성을 리더의 자리에서 몰아내기 위한 효과적인 길이었습니다.

이제는 새로운 규칙이 필요합니다.

여성들은 실패를 우리 자신의 파괴로 받아들이는 일을 멈추고 이를 연료로 활용하기 시작해야 합니다. 실패는 수치스러운 일이 아닙니다. 가치 없음의 증거도 아닙니다. 실패는 그로부터 힘을 얻어야 하는 자산입니다.

실패를 두려워하며 자라면, 위험을 감수할 수 없습니다. 우리는 우리 자신을 온전히 등장시킬 수 없기 때문에 시작하기도 전에 지게 됩니다.

실패한다면 어떻게 하지? 걱정은 그만두세요. 대신에 이렇게 약속합시다.

실패한다면, 계속 곱씹겠다고요.

경기를 은퇴하고 나서, 나는 ESPN으로부터 2016년 남자 유럽축구연맹 유럽 챔피언십 중계방송을 부탁받았습니다. 전 세계로 송출되는 축구 경기였습니다. 나는 파리로 가서 호텔에 체크인을 하고, 무척 긴장하고 흥분한 채로 첫날을 보냈습니다.

그리고 나서 '온 에어'를 알리는 빨간 불빛이 켜진 순간 머리가 멈추어버렸습니다. 다른 중계자들은 선수와 그들의 기량, 시스템에 대해서 능숙하게 이야기했습니다. 그에 비해 나는 어떻게 말했는지 기억조차 나지 않는 시간을 보냈습니다. 첫 5분 동안 내 머

릿속은 텅 비워져 있었습니다. 트위터 타임라인을 보
니 전 세계의 다른 모두도 그 사실을 알고 있는 듯했
습니다. 나는 실패했습니다. 몹시 긴장한 나머지 하얗
게 타버렸습니다. 첫 비행기를 잡아타고 집으로 돌아
가고 싶었습니다. 하지만 계속 자리를 지키고 끝까지
토너먼트를 보았고, 그것은 내게 매우 잔인한 시간이
었습니다.

집으로 가는 비행기에서 나는 끙끙 앓았습니다. 계
속 생각했습니다. '중계는 전직 운동선수들이 주로
하는 일이야. 이걸 실패하면 내게 남은 선택지가 있
을까?' 나는 두려움을 안고 집에 돌아왔습니다. 결국
나에겐 두 가지 선택지가 있었습니다. 방금 그 일을
내 경력을 마감하는 공개적인 실패로 쓰든 도움이 되
는 정보로 활용하든 둘 중에 선택해야 했습니다. 이
경험을 통해 내가 실패하도록 예정되어 있었다고 말
할 수도 있고, 혹은 이를 통해서 당시의 나는 중계자

에 적합하지 않았다고 말할 수도 있었습니다. 나는 '중계자'를 내 일 목록에서 지워버리고 계속해서 다트를 던졌습니다.

몇 달이 지난 뒤, 나는 리더십 회사를 차렸습니다. 요즘 나는 매일같이 내가 좋아하는 일을 합니다. 갓 등장한 리더들에게 어떻게 스스로를, 그리고 타인을 챔피언으로 만드는지 가르칩니다. 중계자로서의 실패는 나의 경력을 끝장내지 않았습니다. 오히려 내 경력을 찾도록 만들어주었습니다. 우리는 실패의 힘을 내가 디딘 길의 바닥으로 더 깊이 내려가는 데 쓸 수도 있고, 혹은 실패의 경험을 곱씹으며 새로운 길을 찾을 수도 있습니다. 둘 중 어느 방향이든 우리는 계속 전진해야 합니다.

세상은 위험을 감수하고, 크게 실패하고, 곱씹으면서 계속, 계속, 계속 시도하는 여성에게 주목해야 합니다. 챔피언은 순간의 실패 때문에 장기전을 그만두지 않습니다.

포기하지 않는 여성은 질 수 없습니다.

Try.
Fail.
Feel it burn.
Then transform
Failure into
your Fuel.

시도하라

실패하라

타들어가는 기분을 느껴라

그리고

실패를 연료로 삼아라

다섯

서로를 챔피언으로 만들어라

오래된 규칙:
서로 싸우고
경쟁하라

새로운 규칙:
서로를 위해
존재하라

축구 경기가 이어지는 90분 동안, 공이 골대의 그
물망을 흔들며 득점이 이루어지는 마법 같은 순간이
찾아오곤 합니다. 이 순간은 모든 것이 완벽했다는
뜻이지요. 완벽한 패스, 완벽한 타이밍, 모든 선수가
제때 제자리에 있었기 때문에 이러한 순간이 절정에
다다라 한 선수에 의해서 득점이 이루어집니다.

그다음 필드에서 일어나는 일은 개개인으로 이루
어진 한 집단이 한 팀으로 바뀌는 일입니다. 벤치에
있던 선수들은 필드로 뛰어들어 득점자에게로 달려

갑니다. 하이파이브, 가슴을 맞부딪치는 일, 춤, 포옹, 축하는 즉흥적으로 시작된 만큼이나 빠르게 흩어집니다.

군중에겐 팀이 득점자를 축하하는 것처럼 보일 수 있겠지만, 사실 팀이 정말로 축하하는 것은 모든 선수, 모든 코치, 모든 연습, 모든 질주, 모든 의심과 회의입니다. 이 모든 것을 득점이 대표할 뿐이지요.

때로 당신은 다른 한 여성이 멋진 골을 넣는 것을 보기 위해서 55미터를 전력 질주해야 할지도 모릅니다. 혹은 당신의 태클과 뜀박질과 심장박동과 땀이 있었던 덕분에 그 골이 가능했을 수도 있습니다.

당신은 늘 득점자가 아닐 수도 있습니다. 득점자가 당신이 아니라면 그에게로 달려가는 편이 좋을 것입니다.

때로 당신이 바로 그 득점자일 수도 있습니다.

나는 국제 경기에서 184번 골을 넣었습니다.

만일 내가 득점한 영상을 본다면, 아마 내가 득점

직후 손가락으로 누군가를 가리키는 장면을 볼 수 있을 것입니다.

나는 어시스트를 한 선수를 지목합니다.

우리 팀을 수비해준 수비수를 지목합니다.

끊임없이 달려준 미드필더를 지목합니다.

이런 경기를 꿈꾸도록 지도한 코치를 지목합니다.

이 순간이 현실이 되도록 바란 후보 선수들을 지목합니다.

나는 누군가로부터 패스를 받지 않고 골을 넣은 적이 단 한 번도 없습니다.

내가 한 득점은 모두 팀으로부터 왔으니까요.

그러니 득점을 한다면 지목하기부터 시작합시다.

늑대 무리는 득점을 한 여성에게 두 가지 선택지를 줍니다.

달려가거나 지목하기.

필드 밖에서 달려가거나 지목하는 일은 다음과 같

이 이루어집니다.

> 우리는 서로의 목소리를 증폭시킵니다.
>
> 모든 결정이 이루어지는 자리에 여성을 위한,
>
> 유색인을 위한, 소수자를 위한 자리를 요구합니다.
>
> 서로의 성공을 축하합니다.
>
> 감사를 표하고 우리의 성공에 기여한 이들에게
>
> 그 공을 돌립니다.
>
> 그리고 누군가 실패하면 그를 지지합니다.

여전히 오래된 규칙 속에 살고 있는 여성들을 마주치면 그들과 싸우는 대신 모두를 위해 계속 싸웁니다.

서로를 챔피언으로 만드는 일은 여성에게 쉽지 않습니다. 테이블에 마련된 단 하나의 자리를 위해서 계속 싸우는 구도가 설정되었기 때문입니다. '희소가치'라는 환상을 유지하는 주체는 바로 권력입니다. 권력은 여성들을 오래된 테이블에 마련된 단 한 자리를 두고 싸우게 합니다. 힘을 합쳐 새롭고 더 큰 테이블을 만드는 대신 말이지요.

희소가치라는 감각은 우리 사이에, 우리 안에 심겨 있습니다. 이는 우리 잘못이 아닙니다. 그러나 우리가 풀어야 할 문제이기도 합니다.

혁명은 서로를 믿는 것으로부터 시작됩니다.

늑대 무리는 희소가치가 거짓말이라는 것을 믿어야 합니다.

힘과 성공과 기쁨은 파이가 아닙니다. 한 여성을 위한 더 큰 조각은 다른 이를 위한 더 작은 조각을 뜻하지 않습니다. 우리는 사랑, 정의, 성공, 권력이 무한하며 모두에게 도달할 수 있는 자원이라고 믿습니다.

혁명은 함께 행동하는 것으로부터 이루어집니다.

우리는 우리 모두를 위해서 행동할 것입니다.

우리는 서로를 도울 것입니다. 서로를 위해 달려갈 것입니다. 서로를 지목할 것입니다. 우리는 모두를 위한 무한한 기쁨, 성공, 힘을 주장할 것입니다.

우리는 한 여성의 성공을 모든 여성이 함께 이뤄낸 성공으로서 축하할 것입니다.

그의 성공은 당신의 성공이다

그와 함께 축하하라

당신의 성공은 그의 성공이다

그를 지목하라

여섯

공을 요구하라

오래된 규칙:
안전하게 경기하라
공을 넘겨라

새로운 규칙:
자신을 믿고
공을 요구하라

내가 보다 어린 선수였을 때, 내 우상은 국가대표 팀의 여자 선수들이었습니다. 그들 가운데 미셸 에이커스가 있었습니다. 그는 세계에서 가장 멋진 선수였습니다. 미셸은 나처럼 키가 컸고, 내가 걸어온 길을 비슷하게 걸었고, 내가 여태 본 중에 가장 용감하게 경기를 하는 축구 선수였습니다. 그는 내가 꿔온 꿈을 실현한 사람 바로 그 자체였습니다.

당시에는 여자 프로 리그가 없었기 때문에, 미셸은 국가대표 경기 훈련을 하기 위해서 다른 방법을 모색

해야 했습니다. 하루는 유소년 국가대표팀 사이에서 나의 영웅을 보았습니다. 열여덟 살이었던 우리 사이에 미셸 에이커스가 있었습니다. 조각과도 같이 다듬어진 선수, 세계 챔피언, 전설 그 자체. 스파이크의 끈을 묶는 나의 손이 덜덜 떨렸습니다. 당시 우리는 오대 오 연습 경기를 했습니다. 초반 세 쿼터를 뛰는 동안, 미셸은 우리 모두를 코칭하고, 공간과 시간을 쓰는 법을 알려주고, 경기의 전술을 가르쳐주었습니다. 네 번째 쿼터에서, 미셸은 이 코칭 덕분에 자기 팀이 세 골 차이로 지고 있다는 사실을 깨달았습니다. 그때 우리는 그의 안에서 불이 번쩍이는 것을 느꼈습니다.

그는 골키퍼에게로 달려가, 1미터쯤 떨어진 곳에서 소리쳤습니다.

빌어먹을. 공. 내놔.

골키퍼는 빌어먹을 공을 그에게 주었습니다. 미셸

은 공을 드리블해서 우리 팀 전체를 따돌리고는 득점했습니다. 이 경기는 '승자가 가지는', 즉 득점한 팀에게 공을 주는 경기였습니다. 따라서 미셸이 득점한 이후로, 공은 미셸의 팀 골키퍼에게로 돌아갔습니다.

그리고 미셸은 다시 반복했습니다. 골키퍼에게로 달려간 미셸은 1미터쯤 떨어진 곳에서 또 소리쳤습니다.

공 내놔.

골키퍼는 공을 주었습니다. 그리고 미셸은 또 득점했습니다. 그리고 또, 또, 또, 팀에 승리를 안길 때까지 득점했습니다. 내가 미셸에게서 그날 본 광경은 나 자신을 영원히 바꾸어놓았습니다.

그 경기 전까지만 해도, 나는 계속해서 내 재능을 깎고 다른 이들보다 더 빛나는 일을 경계했습니다. 나는 그것이 겸손이라고 생각했습니다. 나는 내 재능이 다른 이들보다 나를 빛나게 해서 그들과 나 사이에 격차를 만들지 않기를 바랐습니다. 그래서 필드에서 나는 75퍼센트의 기량으로 뛰었습니다. 그러나 미셸을 보면서, 나는 한 여성의 내부에서 이는 경쟁적인 불꽃이 가지는 힘을 느꼈습니다. 나는 그저 이기기만을 원하는 것이 아니라 그 열망을 가지고, 실제로 그것을 실현할 수 있다고 스스로를 믿는 여성을 보았습니다.

이 경기를 기점으로, 나는 더 이상 나의 힘을 숨기려고 노력하지 않게 되었습니다. 그때 내가 배운 것은, 세상에서 가장 커다란 영감을 불어넣는 존재는 자신을 믿고, 스스로의 기량을 100퍼센트 발휘하고, 자신의 잘난 면에 대해 미안한 마음을 갖지 않는 여성이라는 점이었습니다.

수치심 갖지 않고 자신의 힘을 쓰는 미셸을 보는 일은 내 힘 역시 자유로이 쓰도록 해주었습니다. 나는 매번 내가 가치 없고, 준비되지 않았고, 능력이 없거나, 충분히 잘하지 못한다고 생각될 때마다 미셸을 떠올립니다.

3년 전, 나는 세 아이를 둔 여성 글레넌 도일 멜턴 과 사랑에 빠졌습니다. 나는 늘 어머니가 되고 싶었 지만 '새'엄마가 되기에는 전혀 준비가 되지 않았다 고 생각했습니다. 나는 새엄마와 그 아이들 사이에 일어나는 무서운 이야기를 끊임없이 들었습니다. 아 이들이 내게 적개심을 느끼고 진짜 엄마로 보지 않을 것이라고 걱정하면서 두려움에 떨었습니다. 나는 내 가 그들의 사랑이나 존중을 받을 능력이 없음에 걱정 했습니다. 그들의 삶에서 너무나 동떨어진 순간에 갑 작스럽게 등장해버렸기 때문이었습니다. 나는 스스로 가 너무나 두려웠습니다. 생물학적 어머니와 아버지 가 아이에게 가지는 사랑을 느끼지 못하리라는 마음 때문이었습니다. 내가 충분히 잘할 수 있을까? 나도 몰랐습니다.

하지만 나는 글레넌과의 삶을 간절히 원하는 만큼 내가 가족을 꾸리기를 절실하게 원한다면 스스로 준비가 다 되었다고 여길 때까지 망설이지 않고 바로 지금 그 '빌어먹을 공'을 달라고 외치기로 결정했습니다.

나는 글레넌과 결혼했고, 새엄마가 되었습니다. 체이스, 티시, 아마는 나를 '보너스 엄마'라고 부릅니다. 글레넌의 반려인이 되고 아이들의 보너스 엄마가 된 일은 내가 인생에서 내린 결정 가운데 가장 잘한 일입니다. 그 일이 쉬웠는가 하면, 절대로 아니겠지요. 매일 나는 양육자가 되기로 한 내 결정에 대해서 회의를 느끼는 순간들을 마주합니다. 그러나 글레넌은 이런 회의가 새엄마에게만 드는 것이 아니라고 이야기해주었습니다. 그저 양육자라면 모두가 거치게 되는 과정일 뿐이라고요. 글레넌과 그의 전남편, 그리고 나는 한 팀입니다. 우리는 재결합한 가족에 대한 오래된 이야기를 날려버리고 새로운 이야기를 쓰기로 했습니다. 우리 이야기의 주제는 존중과 우아함, 그리고 개인의 자아를 넘어 공동의 평화에 가치를 부여하고자 끊임없이 결정을 내리는 것입니다.

때때로 나는 내 가족을 보면서 생각합니다. 내가 만일 엄마가 될 준비가 되었다고 생각하지 않아서 가족을 꾸릴 결정을 내리지 않았더라면, 혹은 실패가 두려워, 절대로 실수하지 않을 만큼 안정을 중시했더라면 어땠을까요? 나는 내게 일어날 수 있는 가장 좋은 일을 놓쳤을 것입니다. 나와 비슷한 상황에 놓인 다른 가족들을 도울 수 있는 기회도 놓쳤을 것입니다. 매일 나는 우리 가족에게 영감을 받아서 자신들의 고유하고도 아름다운 이야기를 쓰기 시작하는 재결합 가족들의 소식을 듣습니다.

결국 힘을 갖고, 드러내는 일은 그저 당신을 위한 것만이 아닙니다. 도미노 효과를 위한 것이기도 합니

다. 일어나서 공을 요구하면, 다른 이들 역시 그렇게
할 수 있게 됩니다. 늑대 무리의 단결력은 늑대 개개
인이 자신의 힘을 드러내는 데에서 시작됩니다.

『정글북』에 나오는 구절처럼요.

"늑대 무리의 힘은 늑대에서 나오고,

늑대의 힘은 늑대 무리에서 나온다."

당신을 믿어라

일어나 말해라

빌어먹을 공을 내놔

빌어먹을 일을 내놔

내 옆자리에 앉은 남자와 같은 월급을 줘

나를 승진시켜

마이크를 내놔

대통령 자리를 내놔

내가 받아야 할 존중을 내놔

그리고 그것을 내 무리에게도 내어놔

일곱

덤벼라

오래된 규칙:
지배하며 리드하라
신봉자를 만들어라

새로운 규칙:
인류애를 가지고
리드하라
리더를 키워라

덤벼라

피아 순드하예가 국가대표팀의 새 코치로 고용되었을 때, 우리는 세계에서 가장 크고, 경기에 가장 적합하고, 강하고, 신체적으로 압도적인 팀이었습니다. 우리는 힘과 위압감만으로 승리하고 있었습니다. 우리에게 그건 괜찮은 방식이었습니다. 경기 마지막에 매겨지는 점수, 그게 가장 중요했습니다.

피아를 처음 만났을 때, 그는 우리에게 말했습니다.

"너희들은 세계 최고의 선수다. 하지만 너희들은 더

큰 잠재력을 가지고 있다. 너희들은 이미 경기에서 이길 수 있다는 걸 증명했다. 나는 이제 우리가 '어떻게' 이기는가를 보여주고 싶다. 나는 우리가 계속해서 이기기를 원한다. 그러나 우리 자신을, 팀원들을, 상대팀을, 경기 자체를 명예롭게 하면서 이기기를 원한다. 우리는 그저 우월한 실력이 아니라 창조력으로, 혁신으로, 꾸준한 노력으로 이길 것이다. 우리는 아름답게 이길 것이다."

그러더니 그는 기타를 꺼내 들고 밥 딜런의 「시대는 변하고 있지(The Times They Are A-Chaning)」를 부르기 시작했습니다. 우리 팀은 입을 쩍 벌린 채 앉아 있었습니다. 이 스웨덴 여성을 바라보고 우리는 이렇게 생각했습니다. 저 사람은 자기가 뭘 하고 있는 줄 몰라. 우린 망했어.

자신의 취약성을 스스로 드러내는 리더를 처음 만난 순간이었습니다. 우리는 그런 방식이 허용되는 줄도 몰랐습니다. 마치 리더십 규칙 위반과도 같았지요. 그러나 그의 노래를 들으면서 약간의 호기심이 일기도 했습니다. 곧 우리는 감동을 받았습니다. 우리의 일부가 일깨워지는 기분을 느꼈습니다. 우리는 서로 연결되었습니다.

피아는 음악을 사랑했기 때문에 우리에게 음악을 들려주었습니다. 그가 누구이며 무엇을 사랑하는지 보여주었습니다. 그는 우리에게 진짜 리더는 자신이 누구인지 알면서, 자신이 이끄는 이들이 누구이든지 간에 그들의 일부를 꺼낼 수 있는 사람임을 알려주었습니다. 진짜 리더는 리더로서 어떻게 보여야 하고, 어떤 소리를 내야 하고, 어떻게 행동해야 하는지 보여주면서, 이미 정해진 문화적 구조를 그대로 모방하지 않았습니다. 그는 자신이 이끄는 존재가 인간들인 만큼 리드하는 진정한 방법이 다양함을 이해하고 있었습니다.

다시 돌아보면 피아의 즉흥적인 음악 공연이 우리

팀에 촉매제처럼 작용해 어떻게 리드하고 어떻게 따를지에 대한 아이디어를 다시 생각하게 만들었던 것 같습니다.

피아 이전에 우리는 오래된 하향식 리더십 구조를 따르고 있었습니다. 지혜, 방향, 아이디어는 코치와 주장에 의해서 결정되었고, 어떤 질문도 허용되지 않았습니다.

피아 이전에 우리 팀은 몇 명의 리더와 그 리더를 따르는 이들로 구성되어 있었습니다. 피아 이후에 우리 리더십 구조는 조금씩 무너져 다시 창조되었습니다. 필드 밖에서, 모두에게 이야기하는 공동 주장으로서의 나의 역할은 작아졌고 대신 모두로부터 아이디어를 끌어내는 역할이 늘어났습니다. 선수들은 안전한 마음을 느끼며 테이블에 목소리와 아이디어를 자유로이 꺼냈습니다. 필드에서 우리는 서로를 코칭했습니다. 신참인 알렉스 모건은 내게 충고를 해주었습니다. 베테랑은 신참에게서, 주전은 후보 선수에게서 배웠습니다. 주장은 코치로부터 배웠습니다. 선수부터 서포트 스탭까지 모두가 자신을 리더라 느끼기 시작했습니다.

물론 새로운 방식이 항상 편안했던 것은 아닙니다. 새로운 문화를 접한 선수들은 용기를 필요로 했고 나처럼 듣기보다 말하기에 익숙했던 이들은 겸허해져야 했지요. 그러나 피아라는 롤모델이 있었습니다. 이 새로운 방식은 이론에 불과한 것이 아니었습니다. 피아가 그저 우리에게 용감해지고, 겸손해지고, 취약해지라고 이야기하기만 했더라면 우리는 절대 체화할 수 없었을 것입니다. 리더로서 피아는 우리에게 직접 보여주었습니다.

오래된 길은 약한 모습을 숨기고 따르는 이들을 강압적인 태도로 데리고 가는 방식입니다.

새로운 길은 인류애를 가지고 리더로 가득한 팀을 키워가는 것입니다.

Claim your power, and bring along your full humanity.

힘을 주장하고 인류애를 이끌어내라

다른 이들이 똑같이 갈 수 있는 길을 닦아라

우리의 가족, 동료, 세상이 필요로 하는 건
정확히 우리들 그 이상도 이하도 아니기 때문이다

여덟

당신의 무리를 찾아라

오래된 규칙:
당신은 혼자다

새로운 규칙:
당신은 혼자가 아니다
당신에게는 당신의
무리가 있다

은퇴 이후, 나는 어떤 운동도 하지 않으면서 3년간 신체적 디톡스를 했습니다. 다시 시작할 수 있겠다고 느낀 뒤, 나는 친구 멜과 달리기 챌린지를 시작했습니다. 매일 달리기를 하고 서로에게 달린 거리를 공유하기로 약속했지요. 30년간 운동을 해왔으므로 나는 이 챌린지가 누워서 케이크 먹기라고 생각했습니다. 그리고 내가 은퇴 이후 실제로 누워서 즐겼던 케이크들을 연소해주리라고 생각했습니다.

그러나 챌린지는 결코 케이크 먹기만큼 손쉽지 않

았습니다. 끔찍했어요. 나는 달리는 동안 모든 일분일
초가 싫었습니다. 발에 줄이 묶여 있어서 한 번도 달
려본 적이 없는 것만 같았습니다. 숨을 들이쉬고 내
쉬면서 내가 살기 위해 외웠던 주문은 이런 것이었습
니다. 아파. 아파. 멈추지 마. 멈추지 마.

어느 날 밤에 나는 글레넌에게 말했습니다.

"들어봐, 나는 달리기를 원래 그렇게 좋아하진 않
았지만 이렇게까지 싫어하지도 않았어. 그런데 왜 이
렇게 불가능하게 느껴지는 걸까? 나는 프로 운동선수
였다고! 선수 시절 내내 하루에 여섯 시간이나 훈련
을 받았어. 지난 3년 동안 운동신경을 모두 잃어버린
걸까?"

그는 말했습니다.

"애비, 당신이 운동신경을 잃은 게 아니야. 차이는
지금 같이 뛸 팀원이 없다는 것뿐이야. 항상 자신의
무리와 뛰던 늑대가 외로워진 것뿐이지."

그가 옳았습니다. 내 삶은 온통 나와 함께 고통을

나누고, 나를 격려하고, 나를 웃게 하고, 나를 혼자만의 생각에 갇히지 않도록 만든 팀원과 함께인 채였습니다. 우리의 고통은 함께 나눌 때 줄어들었습니다. 외로운 늑대일 때 삶은 어렵게 느껴졌습니다. 우리는 모두 무리를 필요로 했습니다.

버나드 대학이 늑대 무리에 대한 내 연설을 온라인에 게시하자 이는 널리 퍼져나갔습니다.

내가 일생 동안 흠모해온 여성 리더, 연예인, 운동선수, 활동가 등이 내 연설을 자신의 공동체에 공유했습니다. 사람들은 내 연설을 회사, 학교, 친구들 모임, 교실에 공유했습니다. 어머니와 아버지 들은 내 연설을 예술품으로 만들어 늑대 그림을 딸들의 침실에 걸어주었습니다.

나에게는 그 연설이 얼마나 멀리 퍼졌는가보다도 얼마나 깊이 퍼져 나갔는가가 더 영향을 주었습니다.

나는 모습을 드러내는 일이 중요하다는 사실을 잊

고 싶어질 때마다 누군가 내게 이렇게 보내온 메시지를 저장해두고 읽습니다.

"애비, 당신의 연설을 듣고 깨달았어요. 당신이 한 말이 내가 평생 동안 느꼈지만 설명할 길이 없던 것이라는 걸요. 나는 딸들에게 오래된 동화를 읽어주는 일을 그만두었어요. 당신의 연설이 이제 우리 아이들이 잠자리에 드는 이야기가 되었답니다. 나의 소망은 당신의 이야기가 우리 아이들이 자신이 누구고 무엇이 될 수 있는지 믿는 데 중요한 메시지가 되는 거예요. 나는 아이들이 자신이 늑대라는 걸 믿기를 바라요. 그리고 그들이 자기 무리를 꾸리기를 바라요. 사실, 나 역시도 믿고 싶어요. 내 삶에서 나는 혼자였어요. 방에서, 테이블에서 한 명 있는 여자였고, 아이를 함께 키워줄 마을이 없는 채로 딸들을 길렀지요. 여성이 된다는 건 외로운 일이에요. 우리는 각자의 작은 우주로 나뉘어져 서로로부터 고립

132

된 채 살아왔어요. 남자들은 오래된 남성 연대를 가지고 있어요. 우리도 그것을 필요로 해요. 나도 나를 위한 늑대 무리를 가지고 싶어요."

당신이 어머니이든, 대학생이든, 최고 경영자이든, 혹은 작은 소녀이든, 당신은 당신을 지지해줄 용감하고 정직한 여성 무리를 필요로 합니다. 당신의 훌륭함을 믿어주고, 당신이 누구인지 상기시키고, 세상을 바꾸는 흐름에 동참하게 하는 데 그들이 필요합니다.

당신은 무리를 필요로 하는 존재입니다.

질문은 다음과 같습니다.

어떻게 무리를 지을 것인가?

내가 선수 생활을 하면서 알게 된 바는 어떤 것에 처음이라면, 어떻게 시작할지 모른다면, 할 수 있는 일이란 모습을 드러내고, 어색하고 긴장된 채로 계속 시도하는 것입니다.

그래서 나는 시도할 생각입니다. 내가 존중하고, 존

경하고, 신뢰하는 여성들을 모을 것입니다. 그들이 필요로 하는 것을 주어서 지지하고 내가 필요한 것을 그들로부터 구할 것입니다.

우리는 함께 세상을 바꾸고 세계를 바꿀 수 있습니다. 늑대의 힘과 무리의 힘을 아는 것에서부터 변화는 시작됩니다.

삶은 외로운 늑대로 살아가는
여정이 아니다

우리 모두에게는 무리가 필요하다

게임을 바꿀 시간

마지막 경기가 있던 날 밤, 17년간 대학 선수, 프로 선수, 국가대표 선수로 살아온 나는 내 삶을 할애한 스포츠에, 그리고 자신들의 삶을 내게 나누어준 선수와 팀, 팬 들에게 작별 인사를 하고자 했습니다.

경기를 통한 내 마지막 메시지는 이것이었습니다.

나를 잊어주세요.

이 메시지는 내가 은퇴하던 날 텔레비전을 통해 송출되었습니다. 나는 철제 의자에 앉아 캐비닛을 비우고, 내가 남긴 유산에 대해 곰곰이 생각했습니다. 스크린에는 득점에 고함을 지르는 작은 소녀들과 달리기를 하는 젊은 여성들, 내 등 번호가 적힌 저지를 입은 10대 소년들의 이미지로 가득했습니다.

영상이 지나가는 동안 나는 이야기했습니다.

> "나를 잊어주세요. 내 등 번호를, 내 이름을, 내가 존재했다는 사실을.
> 내가 딴 메달들, 내가 세운 기록, 내가 바친 희생을 잊어주세요.
> 나는 공이 계속 나아가는 곳에 나의 유산을 물려주고 싶습니다. 다음 세대가 해낼 일이 너무 크기 때문에 나는 더 이상 기억되지 않아도 좋습니다.
> 그러니 나를 잊어주세요. 내가 잊힌 날이 바로 우리가 승리하는 날일 것입니다."

나의 꿈은 내가 삶을 바친 스포츠가 이룰 미래의 승리를 확신할 수 있도록 유산을 남기는 것이었습니다. 작은 소녀들이 내가 꿈꾸었던 일들을 성취해주길 바랐습니다.

1년 뒤, 나는 열 살짜리 딸의 축구팀 코치를 맡고 있었습니다. 사실 나는 그들을 챔피언으로 만들고 있었습니다. 나는 아이들에게 주의를 집중했기 때문에 내 경력에 대해서 자세한 이야기를 하지 않았지만 한편으로 아이들이 올림픽 선수가 그들을 코치한다고 알고 있다는 것을 비밀스럽게 즐기기도 했습니다.

시즌이 끝나갈 무렵의 어느 날, 워밍업을 하던 중에 은퇴 이야기를 들려주었습니다. 한 꼬마 선수가 나를 올려다보면서 물었습니다.

"그래서 뭘 은퇴하신 거예요?"

나는 잠시 머뭇거렸습니다. 농담을 하는가 싶었지만 아이는 농담을 하는 게 아니었습니다.

나는 아이를 보면서 말했습니다.

"음, 축구?"

그는 다시 말했습니다.

"오, 어디 팀에서 뛰셨어요?"

나는 눈을 크게 뜨고 말했습니다.

"음… 미국."

그는 물었습니다.

"와, 대박이다. 잠깐만요… 그럼 알렉스 모건 아세요!?!?!"

소원을 빌 때는 주의해야 합니다. 그들은 정말 나의 존재를 잊었으니까요.

그렇지만 다른 아이들이 내가 누구인지 모른다는 사실은 제법 달가운 일이었습니다.

그보다 나를 두렵게 한 일은 은퇴 이후 내가 누구인지 나도 모르겠다는 사실이었습니다.

마지막으로 저지를 벗고 나서, 나는 긍지를 가지고 입고 있던 나의 정체성도 벗어버렸습니다. 다섯 살 때부터 입고 있던 그 정체성은 바로, 축구 선수 애비 웜백이었습니다.

축구가 없다면 나란 존재는 무엇인가?

어느 날 밤 나는 글레넌에게 내가 축구를 잃고 나서 나를 잃은 것만 같아 얼마나 두려운지 이야기했습니다. 다음 날 그는 내게 편지를 써주었습니다.

"애비, 당신의 가장 특별한 점은 축구장에서만 드러나지 않아.

사람들이 당신을 볼 때면 그들은 당신의 특별한 점을 금방 알아차리게 돼.

그건 당신이 스스로를, 다른 이들을 대하는 방식이야. 존엄과 용맹이 뒤섞인 방식이지. 여성들에게 주입된 가공된 미와는 정반대에 서 있는 독특한 아름다움이지. 당신이 서 있고, 뛰고, 말할 때 풍겨져 나오는 아름다움.

당신의 머리카락에서도 뿜어져 나오는 아름다움.

당신은 영광스러운 반역자처럼 걸어. 세상이 잠재워둔 불을 다시 지피는 것만 같아.

나는 마법이 일어난 곳이 필드라고 생각지 않아, 애

143

비. 마법은 당신 안에 있어. 나는 그것이 당신이 죽는 날까지 계속되리라고 생각해. 애비, 축구가 당신을 특별히 만든 게 아니라 당신이 축구를 특별하게 만든 거야. 축구가 우리를 당신에게 데려다주고, 우리는 따르는 거지. 당신이 운동선수여서가 아니라 당신이 애비이기 때문이야."

그가 옳았습니다. 지금의 나는 여전한 애비입니다. 나는 여전히 모습을 드러내고 새로운 무대에서 내 기량을 100퍼센트 펼치고 있습니다. 매일같이 다음 세대의 더 나은 미래를 위해 싸우는 중입니다.

축구가 나를 만든 것이 아닙니다. 나 자신을 축구로 데려갔고, 이제는 내가 가는 길에 나 자신을 데려가는 중입니다.

당신도 그렇게 해야 합니다.

그러니 이렇게 묻지 마세요.

"뭘 하고 싶은 걸까?"

대신 이렇게 물어야 합니다.

"나는 무엇이 되고 싶은가?"

내가 배운 가장 중요한 것은 당신이 하는 일이 당신을 규정하지 않는다는 사실입니다. 당신은 언제나 당신일 것입니다.

우리는 늑대입니다.

마법은 우리 안에 있습니다.

힘은 우리 사이에 있습니다.

그 힘을 드러내고 결속합시다.

이 계곡에 돌풍을 일으키고, 게임을 영원히 바꾸어 놓읍시다.

Welcome to the Wolfpack Way. 8 New Rules that will change the game.

하나, 나만의 길을 만들어라

둘, 가진 것에 감사하고 받아 마땅한 것을 요구하라

셋, 당장, 지금 있는 곳에서부터 리드하라

넷, 실패는 당신이 드디어 게임 안에 들어왔다는
뜻이다

다섯, 서로를 위해 존재하라

여섯, 자신을 믿고 공을 요구하라

일곱, 인류애를 가지고 리드하라. 리더를 키워라

여덟, 당신은 혼자가 아니다
당신에게는 당신의 무리가 있다

숨을 쉬고 있지만 쉬어지지 않을 때면 떠올리는 공간이 있다. 떠올리는 데 그치지 못하고 여행 가방에 닥치는 대로 짐을 꾸려 그리로 직접 가야만 했던 날, 늦여름의 열이 닿지 않는 시원한 질감의 목재 마룻바닥에 앉아 꼼짝 않고 이 책을 처음부터 끝까지 작업했다. 우리는 전부 한 마리의 늑대고 강인하지만, 외로운 늑대에게는 서로로 이루어진 무리가 필요하다는 간단한 메시지를 담은 이 글로부터 번역자이기에 앞서 독자로서 큰 에너지를 받았다. 붙들고 있던 줄을 놓쳐 방향도 의지도 잃은 순간에 마지막 힘으로 향했던 그곳은 제주도 여성 특유의 강한 인상을 가진 여성이 혼자서 일군 공동체 형태의 게스트하우스였다. 필요한 글을 적합한 공간에서 읽던 순간이란 잘 잊히지 않는 법이니 아무래도 그날을 오래도록 기억하게 될 것만 같다. 작업을 통해 얻은 에너지로 강하지만 외롭고, 외롭지만 강한 여성들을 새로이 만나고 그들에게 좋은 글을 조만간 안겨줄 날을 기대하며 시간을 보냈다.

모든 것을 놓쳤다고 느꼈던 순간을 지나, 사실 그런 것은 없고 매 순간 도착하는 새로운 국면에서 다시 시도하면 되는 일이라고 마음을 고쳐먹으니 어느덧 새해를 목전에 두고 있다. 해는 매번 돌아오는데 점점 그 일이 기적같이 느껴지고 올해는 더욱 그렇다.

여성에게는 자주 위기가 찾아온다. 그러니 미국에

서 레즈비언 페미니스트이자 팀 스포츠 대표로 살아
가는 그에게 뿔뿔이 흩어진 늑대를 위한 무리를 강
조하는 일이란 필연적일 수밖에 없다. 국경과 계층
을 넘어 여성을 해방하라는 목소리가 전 세계에서 터
져 나오는 가운데, 한국에서도 여성들 사이에 야망을
가지고 홀로 살아가자는 움직임이 커진다. 그런 만큼
한국에서의 첫 번째 독자였던 내게 그러했듯이 필요
한 글을 적합한 시간에 읽는 경험이 곳곳에서 이루어
질 일이 무척 기다려진다.

경로만 주어진다면 분출할 수 있는 열망을 가득하
게 가진 여성들이 많아도 너무 많다는 걸 알다 보니
서사화된 경로이자 실질적인 삶으로 경로를 만들어
낸 이 책이 정말로 반갑다. 여성 간의 사랑, 협동, 돌
봄, 경쟁이 모두 담긴 『우리는 언제나 늑대였다』를 통
해 혼자 삶을 버티어내지만 집단을 필요로 하는 늑대
와도 같은 우리가 구체적으로 떠올릴 공간이, 그곳에

서 만날 수 있는 활자화된 상상력이, 그렇게 만들어
낼 새로운 활로가 더욱 커지리라고 믿는다.

2020년 1월

이민경

우리는
언제나
늑대였다

초판 1쇄 인쇄 2020년 1월 16일
초판 1쇄 발행 2020년 1월 28일

지은이 애비 웜백
옮긴이 이민경
펴낸이 김선식

경영총괄 김은영
기획편집 박화수   **디자인** 심아경   **크로스교정** 한나비   **책임마케터** 박지수
콘텐츠개발3팀장 윤세미   **콘텐츠개발3팀** 심아경, 한나비, 박화수
마케팅본부장 이주화   **채널마케팅팀** 최혜령, 권장규, 이고은, 박태준, 박지수, 기명리
미디어홍보팀 정명찬, 최두영, 허지호, 김은지, 박재연, 배시영   **저작권팀** 한승빈, 이시은
경영관리본부 허대우, 하미선, 박상민, 윤이경, 권송이, 김민아, 김재경, 최완규, 이우철

펴낸곳 다산북스   **출판등록** 2005년 12월 23일 제313-2005-00277호
주소 경기도 파주시 회동길 357 3층
전화 02-704-1724   **팩스** 02-703-2219   **이메일** dasanbooks@dasanbooks.com
홈페이지 www.dasanbooks.com   **블로그** blog.naver.com/dasan_books
인쇄·제본 상림문화인쇄

ISBN 979-11-306-2803-5 (03330)

다산북스(DASANBOOKS)는 독자 여러분의 책에 관한 아이디어와 원고 투고를 기쁜 마음으로 기다리고 있습니다. 책 출간을 원하는 분은 다산북스 홈페이지 '투고원고'란으로 간단한 개요와 취지, 연락처 등을 보내주세요. 머뭇거리지 말고 문을 두드리세요.